言語感覚をみがく！

ことばあそび ワーク

語彙の世界

1・2年生

MAOU

HINOTAMA

MIIRA

AKUMA

MOGURA

KOUMORI

DORAKYURA

NEZUMI

「ことばあそびって、おもしろいのかな。」

「ことばを 楽しく 学びたいな。」

「国語が すきになれたら いいな。」

この本を 手に とってくれた あなたは、きっと そんなふうに
思って いるのでは ないでしょうか。

ことばあそびは、楽しみながら、ことばを 学ぶことが できるのです。
そして、ことばあそびを することて、自分で 考える力が
どんどん みに ついていきます。

楽しい 気もちで 学んでこそ 力に なります。学ぶことが
楽しくなれば、もっと 学びたくなるものです。

いろいろな ことばあそびを 楽しみながら、文字と ことばに
たくさん 出会ってください。出会った 文字や ことばを つかって、
読んだり 書いたり 話したりすると、もっと 楽しくなりますよ。

この本が、あなたの ことばの 力を つける、なかよしの
ともだちに なりますように。

大越 和孝・成家 亘宏・泉 宜宏・今村 久二

もくじ

第1の門　モグラの門番　ものの名前を あらわす ことば … 7

1　かんばんを 直そう！ ………………………………… 8

2　しりとりを しよう！ ………………………………… 10

3　ことばの かいだん ……………………………………… 12

第2の門　ネズミの門番　うごきを あらわす ことば …… 15

4　うごきの たしざん ……………………………………… 16

5　はんたいに なっちゃった！ ……………………… 18

6　うごきを あらわす ことばめいろ …………… 20

第3の門　コウモリの門番　ようすを あらわす ことば …… 23

7　どっちかな？ …………………………………………… 24

8　オノマトペづくり ……………………………………… 25

9　絵本の あなうめクイズ ……………………………… 26

10　いろいろな ひょうげん ……………………………… 28

第4の門　ミイラの門番　いろいろな ことば ……… 31

11　はんたい語つなぎ ……………………………………… 32

12　はんたい語あわせ ……………………………………… 33

13　にている いみの ことばパズル ………………… 34

14　ことばの なかま分け ………………………………… 36

第5の門　ドラキュラの門番　ことばあそび …………… 39

15　あんごうの 手紙 ……………………………………… 40

16　ことばさがし …………………………………………… 42

17　クロスワードパズル …………………………………… 44

第6の門　悪魔の門番　文の組み立て ……………… 47

18　めいろを　すすもう！……………………… 48

19　なにが　かわった？…………………………… 50

20　点（、）で　大ちがい！　……………………… 52

第7の門　火の玉の門番　文づくり ……………… 55

21　ことばの　れんそうゲーム……………………… 56

22　文を　かざろう！……………………………… 58

23　絵本を　作ろう！……………………………… 60

魔王さまの部屋　ことわざ ……………… 63

24　ことわざパズル………………………………… 64

25　ことわざカルタを　作ろう！ ………………… 66

26　ことわざストーリー…………………………… 68

こたえ と せつめい ………………………… 72〜79

〈この本に　出てくる　キャラクター〉

ジュン

小学2年生。
本を　読むのが　すき。
しょうらいの　ゆめは
ぼうけん家。

モモ

ジュンの　あいぼう。
からだの　色が　かわる
ふしぎな　ねこ。

「う〜ん、これは　なんて　読むんだっけ？」
ジュンは、ねこの　モモに　絵本を　読んで　あげて　いるの
ですが、むずかしい　ことばで　止まって　しまいます。
すると、本が　がたがたと　ふるえ出し、ことばたちが
本の　中から　とび出して　いって　しまいました。
「え〜！　つづきが　読めないよ！」

ジュンと　モモは　絵本を　もって、ことばたちを　おいかけ
ました。

たどり着いた　先は、トンネルの　入口。
そこには、大きな　門が　あり、
モグラの　門番が　立って　いたのです。

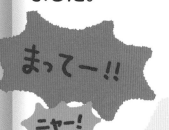

まてー！！

ニャー！

まてぇい！！

「ことばたちを　見なかった？」

ジュンが　たずねると、モグラの　門番が　答えました。

「地下に　ある、ことばの　国に　行ったぞ。

　でも、人間は、おことわりだ。どうしても　入りたいなら、

　ことばたちからの　クイズに　答えて　もらうぞ。」

モグラの　門番は、1まいの　紙を　わたしました。

ぼくたちは、いろいろな　ところで　いたずらするよ。まずは、ばらばら　ことば！

ぐ　も　ら　ならべかえたら
なにに　なる？

「ことばたちは　いたずらが　大すきみたいだね。

　えーっと、ならべかえると……。

　『ぐ・ら・も』？　『も・ら・ぐ』？

　『ら・も・ぐ』？　いろいろ　できるね。

　あ！　『も・ぐ・ら』だ！」

ジュンは　そういうと、モグラの　門番を　ぱっと

見ました。

「しょうがない、入れて　やろう。でも、かくごするんだな。

　ことばたちを　見つけたいなら、むずかしい　クイズを

　といて、先に　すすむしか　ないぞ。」

おもい　門が、ギーッと　音を　立てて　ひらきました。

1 かんばんを 直そう！

● トンネルに 入ると、【ものの 名前を あらわす

ことば】の かんばんが ありました。

ことばたちに いたずらを された かんばんを 正しい

ことばに 直して、□に 書こう。

あるひ

はなのな

くさいは

かわにあめ

かつじゅんび

2 しりとりを しよう！

●【ものの 名前を あらわす ことば】が はこに
かくされて いるよ。しりとりに 答えて、
ことばを 見つけよう！

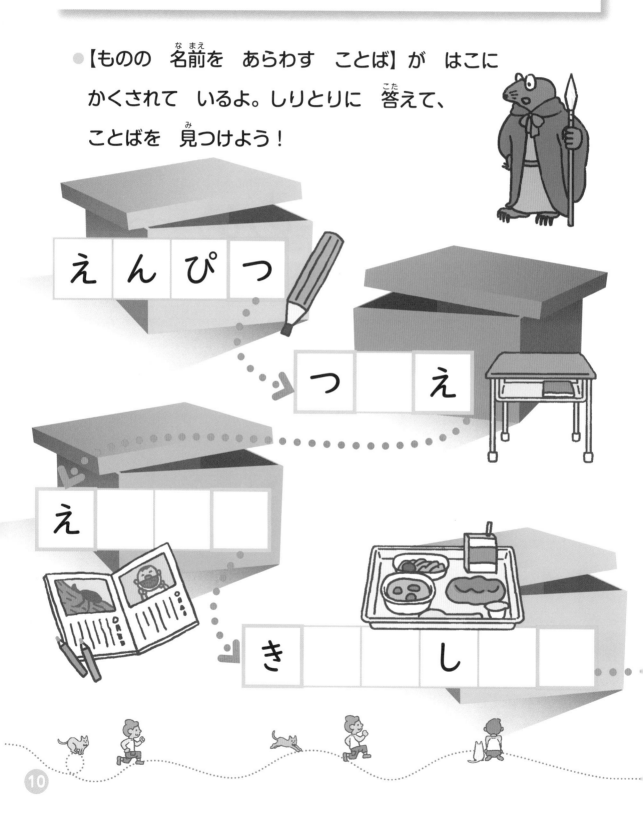

え	ん	ぴ	つ

つ		え

え			

き		し	

い

す

く

3 ことばの　かいだん

● 【ものの　名前を　あらわす　ことば】の　かいだんの
文字が　きえちゃった！　絵を　ヒントに　して、
かいだんを　うめて　いこう。

●つぎは、上がって　下りる　長い　かいだんだよ！
自分で【ものの　名前を　あらわす　ことば】を　考えて、
かいだんを　作ろう。

●今度は、自分だけの　ことばの　かいだんを　作るよ。
まず、ことばの　はじめに　なる　文字を　1つ　きめて
□に　書こう。つぎに、その　文字で　はじまる、
【ものの　名前を　あらわす　ことば】を
□に　合うように　書こう。

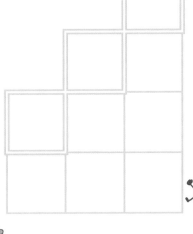

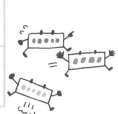

【ものの　名前を　あらわす　ことば】って、みのまわりに　いっぱい　あるね！

それだけじゃ　ないぞ。たとえば、絵本の　この　ページにも　【ものの　名前を　あらわす　ことば】は　たくさん　あるぞ。いくつ　見つけられるかな？

ももたろうは、おじいさんと　おばあさんに、おにがしまに　行くと　言いました。そして、おばあさんが　作って　くれた、おいしい　きびだんごを　もって、しゅっぱつしました。

えーと、「ももたろう」でしょ。「おじいさん」「おばあさん」「おにがしま」「きびだんご」！

おっ、いいぞ、ジュン！では、ここで　おわかれだ。第2の　門に　すすむと　いい！

★ やってみよう！★

家に　ある　絵本で、【ものの　名前を　あらわす　ことば】を　さがして　みよう。1ページで　いくつ　見つけられるかな？

暗いから　ライトを　やるよ！

トンネルを　ぬけると、第2の　門が　ありました。

ライトで　てらすと、ネズミの　門番が　とび上がりました。

「まぶしいでチュー！　おまえが　ジュンか。キャッ、ねこ‼」

「門を　あけて！」

ジュンが　モモを　だきあげながら　たのむと、ネズミの

門番は、よこ目で　モモを　見ながら、本を　さし出しました。

「**ことばたちが**　いたずらしたんだチュー。直して　くれたら、

門を　あけて　やるチュー。」

ももたろうが、
犬を　けらいに
あるく
だす。

さると　きじも、
ももたろうと
いっしょに
あるく
だす。

「あれれ？　【うごきを　あらわす　ことば】が、
ばらばらに　なって　いる　みたいだねえ。
ほら、こうだよ！」

あるく　だす。　➡　あるきだす。

「あっ！　そうか。ジュン、ありがチュー。
ことばたちは、この　先の　【うごきを
あらわす　ことば】の　森に　入って
行った　みたいだチュー。」

4 うごきの たしざん

● ばらばらに された、【うごきを あらわす ことば】が
おちて いるよ。ことばを たして、1つの ことばに
まとめながら すすもう。

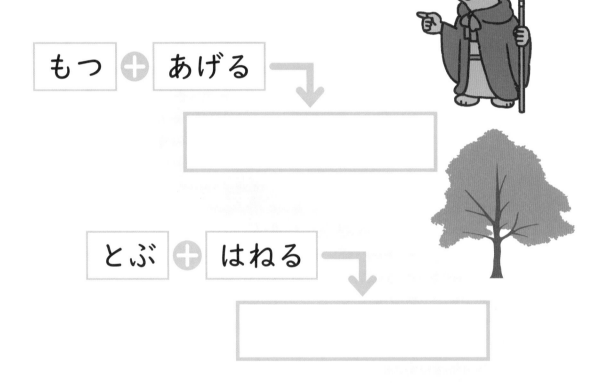

もつ ＋ あげる →

とぶ ＋ はねる →

はる ＋ つける →

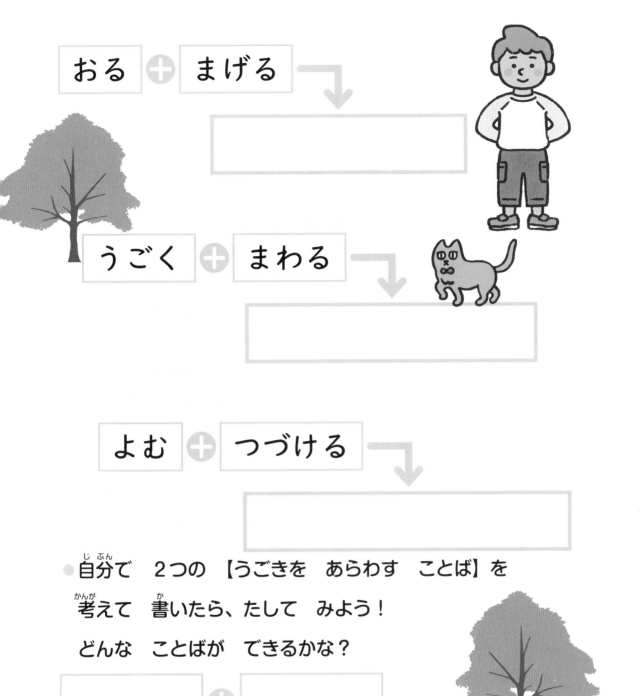

おる ➕ まげる

うごく ➕ まわる

よむ ➕ つづける

● 自分で　2つの　【うごきを　あらわす　ことば】を
考えて　書いたら、たして　みよう！
どんな　ことばが　できるかな？

➕

5 はんたいに なっちゃった！

● ことばたちが、【うごきを あらわす ことば】を 絵とは
はんたいの いみの ことばに して しまったよ。
絵に 合う 正しい ことばに 書き直そう。

〈れい〉

かいだんを
おりる。

上がる

でんきを
けす。

あなから
入る 。

朝、
ねる。

ふくを
ぬぐ。

赤ちゃんが
わらう。

ゴミを
すてる。

まどを　しめる。

やさいを　売る。

ことばを
わすれる。

6 うごきを あらわす ことば めいろ

● すすんで いくと、1まいの 絵と、**ことばたち**が 作った
めいろが あらわれた！　絵の 中に ある うごきに
合う ことばだけを 通って、スタートから ゴールまで
すすもう。

ななめには　すすめないよ！
めいろを　通りぬけて、
つぎに　行こう！

スタート

走る	ねむる	売る	引く	作る
うつ	とぶ	食べる	たたく	はかる
そそぐ	切る	およぐ	ふる	わる
買う	ける	見る	とる	すてる
ひろう	なげる	書く	ぬう	かむ
つむ	ころぶ	さけぶ	のむ	ふく
なく	回す	むすぶ	やく	ぬぐ

ゴール！

たくさん　うごいて　いるから、ぼくの　毎日（まいにち）って、【うごきを　あらわす　ことば】で　いっぱいだなあ。

たしかに、うごかないと　何（なに）も　できないでチュー。
じゃあ、【うごきを　あらわす　ことば】でビンゴゲームを　やって　みるでチュー。

ビンゴゲーム！？

今日（きょう）　1日（にち）の　間（あいだ）に　やったうごきに　〇を　つけるんだチュー。たて・よこ・ななめで1れつ　そろう　ところはあるかな？

みがく	書（か）く	走（はし）る
のむ	作（つく）る	読（よ）む
買（か）う	聞（き）く	食（た）べる

ごはんを　食（た）べた。教科書（きょうかしょ）を　読（よ）んだ。
学校（がっこう）に　走（はし）っていった。――1れつ、そろった！

やったね！　それじゃあ、ジュンに、
つぎの　門（もん）までの　地図（ちず）を　あげるでチュー。
ことばたちが　見（み）つかると　いいね。

★ やってみよう！★

・きみは　上（うえ）の　ビンゴで　何（なん）れつ　そろうかな？

・じぶんで　ビンゴカードを　作（つく）ってやって　みよう。マス目（め）の　数（かず）をふやしても　いいね。

地図（ちず）を　あげるよ。
まいごに　なるなよ！

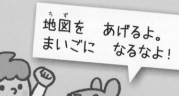

もらった 地図を 見て、ジュンと モモが すすんで
いくと、コウモリの 門番が あらわれました。
「第3の 門を まもる、コウモリ様だ。よく 来たな！」
「コウモリさん、**ことばたちは**、どこへ 行ったの？」
「そりゃ、魔王さまの ところさ！」
「ま、魔王さま……？」
「この オノマトペクイズが とけたら、
　門を あけて やっても いいぜ。」
「オノマトペ？」
「【ようすを あらわす ことば】の うち、
　『きらきら』『ぎらぎら』のように 2回 くりかえす
　ことばを、オノマトペと いうんだ。」

絵に 合う、オノマトペは、
「きらきら」「ぎらぎら」のどっちかな？

 ま夏の たいようが _____ かがやく。	 夜空に 星が _____ かがやく。

「えーっと、『ぎらぎら』は 強く かがやいて いる
　かんじだよね。『きらきら』は、きれいに かがやいて
　いる かんじだから、『ま夏の たいようが ぎらぎら
　かがやく。』『夜空に 星が きらきら かがやく。』だ！」

「なかなか やるな！ じゃあ、
　やくそくどおり、門を あけて
　やろう。」

7 どっちかな？

● ことばたちが、オノマトペを ばらばらに しちゃったよ。

絵に 合う ほうを えらんで 書こう。

小石が

[　　　　　] ころがる。

ころころ

岩が

[　　　　　] ころがる。

ごろごろ

ドアを かるく

[　　　　　] たたく。

ドンドン

ドアを 強く

[　　　　　] たたく。

トントン

たきたての ごはんは、

[　　　　　] だ。

ぽかぽか

今日は よく 晴れて、

[　　　　　] だ。

ほかほか

8 オノマトペづくり

● こんどは、オノマトペの　中の　文字を　かくしちゃった！
絵に　合う　ことばに　なるように、□に　それぞれ　同じ
ひらがなを　書こう。

9 絵本の あなうめクイズ

● ことばたちが、絵本の 中の ことばを けしちゃった！
お話に 合う ことばを 右の かごの 中から えらんで、
絵本を もとに もどそう。

よく 晴れた 　　　　　　　　春の 日。

今日は、子リスの クリンの お母さんの たん生日です。

クリンは、野いちごを つんで ケーキを 作ろうと、

森に 出かけました。

けれども、森の 入り口の 広場の 野いちごは、どれも

まだ 色が 　　　　　　　　のです。

１つぶ 食べて みると、とても 　　　　　　　！

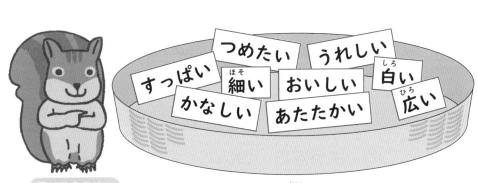

子リスのクリン

＊ことばは　1回(かい)ずつしか　つかえないよ。

クリンが　森(もり)の　おくへ　すすんで　行(い)くと、

[　　　　　　　]野原(のはら)に　出(で)ました。そこには、

なんと、まっ赤(か)な　野(の)いちごが　いっぱい！　あじみを

して　みると、とっても　あまい　[　　　　　　　]

野(の)いちご　です。クリンは　かごに　いっぱい　つんで

帰(かえ)りました。

その　夜(よる)、クリンの　作(つく)った　ケーキに

[　　　　　　　]ろうそくを　立(た)てて、お母(かあ)さんの

たん生日会(じょうびかい)を　しました。お母(かあ)さんも　にこにこです。

クリンも　[　　　　　　　]気(き)もちに　なりました。

10 いろいろな ひょうげん

● 絵を 見ながら 話して いる **ことばたちを** 見つけたよ。

絵の どこの ようすに ついて 話して いるのかな。

□に 合う すうじを 書こう。

＊同じ ところに ついて 話して いる ことも あるよ。

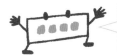 あせを だらだら ながして 走って いるね。

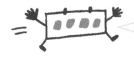 まるで、黄色い じゅうたんみたいだな。

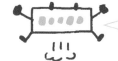 ひまわりの 花のように わらって いるね。

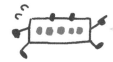 たきのように あせを ながして いるね。

 黄色い 花が いちめんに 広がって いるよ。

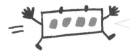 雲が ソフトクリームみたい。

まてー！

まずい！ 見つかった！
にげろ！

1つの ようすを、いろいろな 言い方で せつ明できるんだね。

ジュンも やって みると いいぜ。
下の 絵の ようすを、いろいろな
言い方で せつ明できるかい。

えーっと、
「雨が、はげしく ふる。」
「雨が、ザーザー ふる。」
「雨が、バケツを ひっくり
　かえしたように ふる。」
とか、どう？
いろいろな 言い方を
考えるのって、おもしろいね！

そうだろう！ それが わかったら、
先に すすむと いい。
この 先は、せまい 地下道を 通るから、
ヘルメットを かぶって 行けよ。

★ やってみよう！★

・左の 絵を、いろいろな 言い方で
せつ明して みよう。どんな
言い方が できるかな？

ヘルメット やるよ。
ケガするなよ！

ヘルメットを　かぶった　ジュンと　モモは、せまい
地下道を　はって　すすみ、第4の　門に　たどりつきました。
そこに　いたのは、ミイラ男の　門番。
「なになに？　ことばたちを　おいかけて　魔王さまに　会いに
　行く？　それなら、まず、この　クイズを　といて　みろ。」

はんたいの　いみの　ことばを　かくしたよ。
?　に　入る　ことばは　なにかな？

| 多い　←→　? | 大きい　←→　? |

「『多い』と『大きい』……。なんだか　にて　いるけれど、
　『多い』は、数や　りょうの　ことだから、
　はんたいの　いみの　ことばは、『少ない』だ！
　『大きい』は、大きさの　ことだから、
　はんたいの　いみの　ことばは、『小さい』だね！」
ジュンが　さけびました。モモも、よろこんで、
ニャーオと　鳴きました。

「ここまで　来ただけ　あるな。
　よし、門を　あけて　やろう。
　がんばって　ことばたちに
　おいつけよ。」

31

11 はんたい語つなぎ

● はんたいの　いみの　ことば　どうしを　線で　つなごう。

＊ひとつだけ　はんたいの　ことばが　見つからない
　ものが　あるよ。

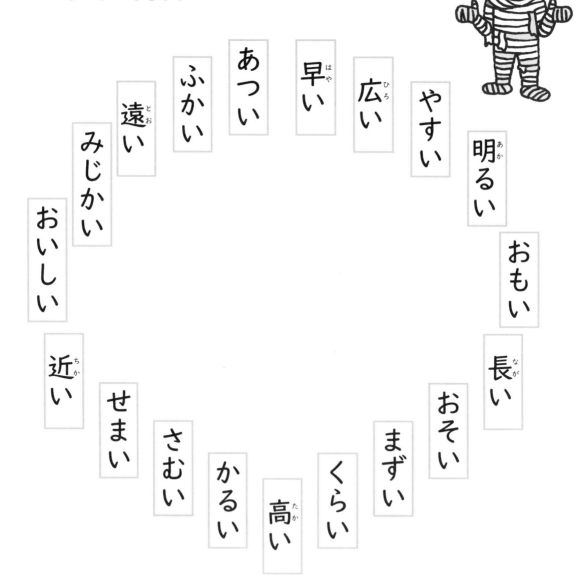

あつい

ふかい

早い

広い

やすい

明るい

遠い

みじかい

おいしい

おもい

長い

近い

おそい

せまい

まずい

さむい

くらい

かるい

高い

12 はんたい語あわせ

● ことばカードが、ちらばっているよ。はんたいの　いみの
ことばを　ひとまとめに　して、下の　かごに　入れよう。

前

出口

はじまる

下校

当たる

外れる

後ろ

登校

入口

おわる

セット①

セット②

セット③

セット④

セット⑤

セット⑥

セット⑥は、はんたいの　いみの
ことばを　自分で　考えて　書こう。

13 にている　いみの　ことばパズル

● ことばパズルの　ピースが　ちらばっちゃったよ。右の
　ページの　にている　いみの　ことばと　組み合わせよう。

うつくしい

いそいそ

たくさん

見つめる

かがやく

びっくり

ながめる

わくわく

いっぱい

ざんねん

きれい 　□

□ 　がっかり

□ 　見る 　□

光る 　□

□ 　おどろく

□ 　うきうき 　□

□ 　□ 　多い

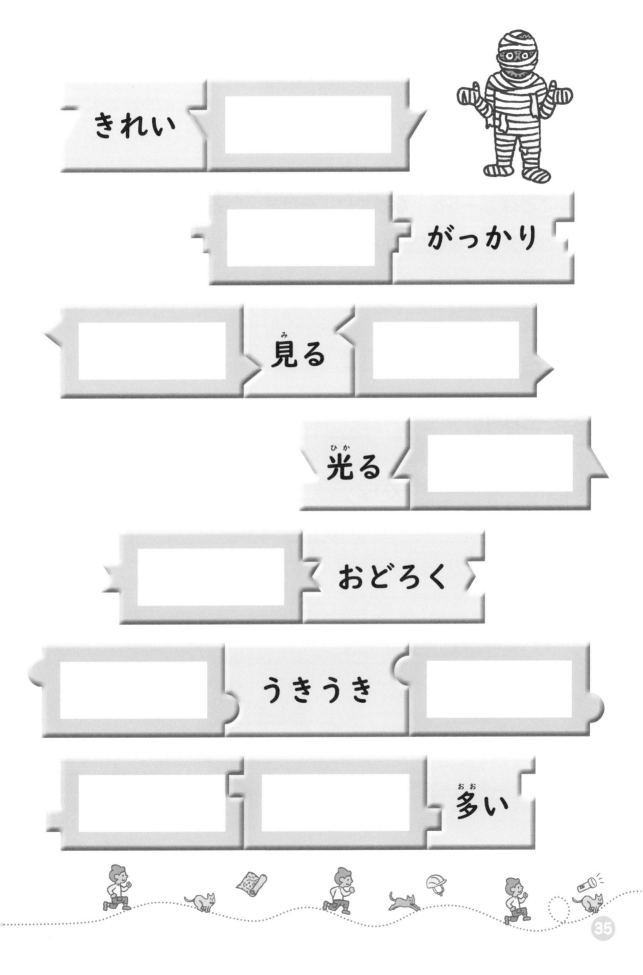

14 ことばの なかま分け

● ことばカードを　なかまに　分けて　いるよ。なかまの
なまえを　ラベル　から　えらんで　⬭　に　書こう。
▭　には、はこに　入る　ほかの　ことばを　自分で
考えて　書こう。

みかん　　なし　　レモン

ラベル

のりもの　　くだもの

がっき　　どうぶつ

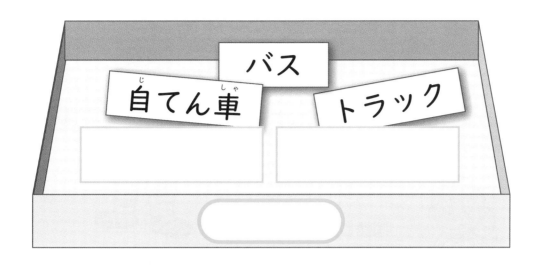

バス
自てん車
トラック

カンガルー
きりん
パンダ

ピアノ
カスタネット
ふえ

ミイラ男さん、それは 何？

これは、**ことばたち**が
にげる ときに おとして
いった、国語じてんだ。

国語じてん？

国語じてんには たくさんの
ことばが のって いるぞ。
1つの ことばを しらべると、
ことばの いみや つかいかた など、
その ことばに かんけいの ある
いろいろな ことが わかるんだ。

ことば 【言葉】❶人が口で
言ったり、文字で書いた
りしたもの。ことばづ
かい。❷ものの言
い方。口ぶり。 例言葉に気をつける。
ことばあそび 【言葉遊び】
言葉の音や意味など使っ
たさまざまな遊び。しり
とり、なぞなぞ、早口言
葉など。

へえ、おもしろそう！ ぼくも、国語じてんで
いろいろな ことばを しらべて みたいな！

★ やってみよう！★

・家に ある 国語じてんで、
　すきな ことばを しらべて みよう。

おれの ほうたいやるよ。
ケガしたら 使えよ！

ジュンは、モモの　足に　ほうたいを　まいて　やりました。
ふたりとも、体じゅう　すりきずだらけです。
「くんくん。血の　においが　するぞ。おや？　おまえが
　ジュンか！」
と、第5の　門の　門番、ドラキュラが　あらわれました。
「この　あんごうが　とけたら、門を　あけて　やろう！」

の　あんごう文

　　たちかたおたうこたくの　たまおたうさまたは、
　　せたかいたいちた　たおたそろたしいたぞた。
　　たひたきかたえたすなたら、いたまのたうちただ！

「『たぬき』って　ことは……。
　そうか！『た』を　ぬいて　読めば　いいんだ！」
ジュンは、あんごう文を　読みときました。

「なかなか　やるじゃないか。
　この　部屋は
　ことばの　パズルを　とかないと、
　通りぬける　ことが　できないぞ！　」

15 あんごうの　手紙

● あんごうの　手紙が　あるよ。

きまりを　見つけて、読みとこう。

★この　手紙は、**ひとり**で　読むこと！★

まひおうひさまに　ひあひう　たひめにひ、

ひとおひる　ひもひんひは、

あひと　ひみっひつひ。

ちひかおひうこひくまでひ、どひんどひん

すひすめひ。

「ひとり」って　ことは……。

● 魔王に　会う　ために、あと　いくつ　門を　通るかな？

○を　つけよう。

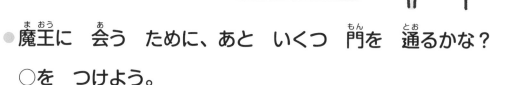

☐　1つ　　☐　2つ　　☐　3つ

● また　あんごうの　手紙だ。こんどは　どんな　きまりで　書かれて　いるかな？

この　手紙は、**きがえ**て　読んでね。

たんじょう日　おめでとう！！
ずっと　ほしいと　いっていた、いろきんぴつと
きのぐの　セットを　プレゼントするよ。
どこに　あるか、わかるかな？
<u>ヒント</u>　・いきの　なかの、
　　　　・きほんの　たなの　ちかくで、
　　　　・つくきの　うきの
　　　　・かきるの　きの　はこの　なかに　あるよ。

● プレゼントは　なにかな？

● プレゼントが　ある　ばしょに　○を　つけよう。

16 ことばさがし

● やさいの　名前を　たて、よこ、ななめに　6つ　さがして、
◯で　かこもう。

〈やり方〉

か	は	な	し
ぼ	く	か	に
ち	さ	つ	ぶ
だ	い	こ	ん

れ	ん	こ	ん	も
に	ゅ	な	り	や
ん	う	き	す	し
じ	ゃ	が	い	も
ん	た	け	の	こ

● あまった　文字で　作れる　ことばは、なにかな？

● おかしの　名前を　たて、よこ、ななめに　7つ　さがして、
　◯で　かこもう。

ソ	ビ	ク	ッ	キ	ー
ク	ス	ジ	プ	フ	ト
リ	ケ	ュ	ゼ	リ	ー
ポ	ッ	プ	コ	ー	ン
ー	ト	カ	ス	テ	ラ
ケ	ー	キ	ー	ム	ス

● あまった　文字で　作れる　ことばは、なにかな？

ヒント　おやつに　ぴったりの　のみものだよ。

ヒント　つめたくて　あまい　おかしだよ。

17 クロスワードパズル

● ヒントに 合う ことばを 書いて、パズルを かんせいさせよう。

ひらがなで 書こう！

↓ **たての カギ** ↓

① 夏に 食べる、外は みどり、中は 赤い 丸い 食べものは？

② 火曜日の 前は 何曜日？

③ 金魚すくいを したり、おみこしを かついだり する、楽しい 行事は？

→ **よこの カギ** →

あ うずまきの からを もつ、雨が すきな 生きものは？

い ねる ときに、頭の 下に おく ものは？

う 「きのう→○○○→あした」の ○に 入る ことばは？

カタカナで書こう！

① ↓
② ↓
③ ↓
④ ↓
あ →
い →
う →
え →

↓ **たての カギ** ↓

① ♪さいた　さいた
　　〇〇〇〇〇〇の　はなが♪
　〇に　入る　ことばは？

② さむい　ところに　すんで
　いる、空を　とべない　鳥は？

③ いちごや　ブルーベリーなどを
　さとうで　につめた、パンに
　ぬる　ものは？

④ のみものなどが　入っている
　「ペット〇〇〇」。
　〇に　入る　ことばは？

→ **よこの カギ** →

あ 茶色や　白の、あまくて　とける
　おかしは？

い この本は　ぜんぶで 80 〇〇〇
　あるよ。〇に　入る　ことばは？

う かみの毛や、プレゼントに
　むすぶ　ものは？

え アイスクリームや　スープを
　食べる　ときに、手に　もって
　つかう　ものは？

● □の　文字を　入れて　できる　ことばを　書こう。

シ			ク		

「いるか」を　はんたいから　読んだら、どうなる？

ええっと……。「か」「る」「い」。
「かるい」！

それじゃあ、
「いるか」と「かるい」、この　2つの
ことばの　間に　「が」を　入れると、
どう　なるかな？

「いるか　が　かるい」。
あれっ、はんたいから　読んでも
「いるか　が　かるい」で、同じだ！

こんなふうに、どちらから　読んでも　同じに
なる　ことばや　文を　「回文」って　いうんだ。
ことばで　あそぶと、回文も　あんごうも
パズルも　作れちゃうんだ。

おもしろいね！
ぼくも　回文を　作って　みたいな！

★ やってみよう！★

・下の　回文を　かんせいさせよう。

よ		す		き		る	

す	や	よ	る	き

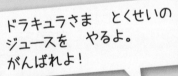

ドラキュラさま　とくせいの
ジュースを　やるよ。
がんばれよ！

・きみも、回文を　作ってみよう。

46

次の　門の　前に　いたのは、小さな　悪魔の　門番でした。
小さな　悪魔は　言いました。
「魔王さまに　会おうなんて、百万年　早いぞ！
　この　パズルを　かんせいさせないと、この　とびらは
開けて　やらないぞ！」

魔王さま✶　、いじわるな

かえる✶　、じごく✶

おとした　ことが　あるぞ！

え　を　へ　わ　お　は　！

「わかった！　✶　は　みんな、ことばの　後に　ついて
いるから、「は」「を」「へ」の　どれかが、入るはず！」
ジュンは　そう　言って、パズルを　かんせいさせました。
小さな　悪魔は、ますます　小さく　なって
くやしがりました。

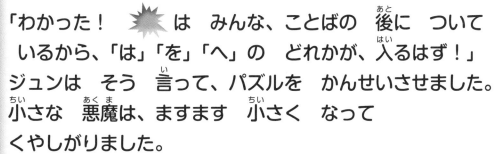

「ムムム……。さっさと　行け！　でも、
この『文の　組み立て』の　部屋は、
もっと　手ごわいんだぞ！　そう　かんたんに
通りぬけられると　思うなよ。」

（魔王さまは、いじわるな かえるを、じごくへ おとした ことが あるぞ！）
魔王さまは、いじわるな かえるを、じごくへ おとした ことが あるぞ！

めいろを　すすもう！

● □に　入る　文字に　○を　つけながら、ゴールまで
すすもう。

スタート

今日□、
日曜日です。

わ
は

いい　においが
したので、
だいどころ□
行きました。

に　が

お父さんが、
おべんとう□
作っていました。

お
を

今日は　みんなで、
ゆうえんち□
行きます。

へ　え

お父さんが、
「からあげ□　たまごやきを
作ったよ。」
と　言いました。

は
と

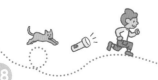  

わたしは、
水とうに
麦茶□
入れました。

を

に

おばあちゃんが
買って くれた
わたし□ 水とうは、
黄色です。

と

の

お兄ちゃんは、
からあげ□
大すきです。

が

へ

じゅんびが できたら、
車□ のって
出発です。

に

と

わたし□、
たまごやきが
大すきです。

の

は

ゴール!

●みんなで どこへ 行くのかな？

●からあげが 大すきなのは、
だれかな？

19 なにが かわった？

1

火の玉▶ ▼あくま ネズミ▶ ドラキュラ▲ ▲ミイラ

● **1**の 絵に 合う 文に なるように、□に ことばを 書こう。

・ 　　　　　　　　　が、歌を 歌っている。

・ネズミが、　　　　　　　　を たたいている。

・ミイラが、ケーキを 　　　　　　　　　　。

・あくまが、　　　　　　　　を

　　　　　　　　　　。

・ドラキュラが、テーブルの 下で

　　　　　　　　　　。

●❶と ❷の 絵で、ちがう ところを 5つ さがして、
❷の 絵に ○を つけよう。

❷

コウモリ▶
▼あくま
ネズミ▶
ドラキュラ▲
▲ミイラ

●❷の 絵に 合う 文に なるように、
□に ことばを 書こう。

・ [   ] 、歌を 歌っている。

・ネズミが、 [   ] ひいている。

・ミイラが、 [   ] 。

・ [   ] 、テーブルを [   ] 。

・ドラキュラが、 [   ] で

[   ] 。

20 点（、）で 大ちがい！

● 絵に 合う 文に なるように、点（、）を 1つ 書こう。

あくまちゃんともんをまもっている。

あくまちゃんともんをまもっている。

あくまは
モグラと
むかえに　ネズミを
行きました。

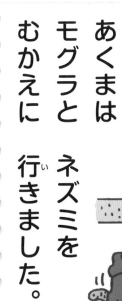

あくまは
モグラと
むかえに　ネズミを
行きました。

水ぞくかんで　およぐ
魚の　絵を　かきました。

水ぞくかんで　およぐ
魚の　絵を　かきました。

この カードを ならべかえて、文が 作れるか？

| ははと | ははははと | ははの | わらった。 | ははは |

ええっ！？ ははと ははは……。
うーん。悪魔ちゃん、教えて！

とくべつ 大サービスだ。

| ははは | ははの | ははと | ははははと | わらった。 |

あ！ なるほど。わかったよ。
「母は、母の 母と『ははは』と わらった。」だ。
「母の 母」は、おばあちゃんだね。

そう！ 文は、ことばが つながって できているよ。
ことばの じゅんばんや、ことばを つなぐ「は」や
「の」などの ことばに 気を つけて、文を 作る
ことが だいじなんだ！

ぼくも いろいろな 文を
作って みようっと！

★ やってみよう！★

・絵に 合う 文に なるように、カードを
ならべかえて、文を 作ってみよう。

| にわの | いる。 | にわとりが | にわには |

この先は
せまいぞ！
スコップで
ほりすすめ！

54

ジュンと　モモは、スコップで　道を　広げながら
すすみました。

「うす暗くて、ぶきみだな……。」

そのとき、ジュンの　目の　前に、ぼわっと　火の玉の
門番が　あらわれました。

「おまえ、こわいのか？　そんなんじゃ、魔王さまに
　会ったら、こしぬかすぜ。クックックッ。」

火の玉は　そう　言うと、くさりに　つながれた　石板を
てらしました。

「 ヒント のように、くさりを　正しい　ほうに
　つないで　みろ！」

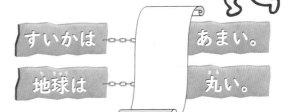

「ええっと……。そうか！　後の　ことばが
　同じ、2つの　文が　できるように　つながって
　いるんだね！　という　ことは……。」

ジュンは　見事に　かんせいさせました。

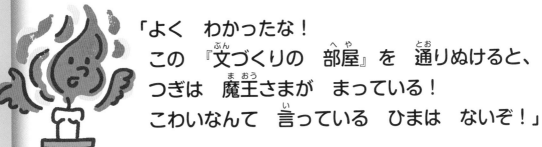

「よく　わかったな！
　この　『文づくりの　部屋』を　通りぬけると、
　つぎは　魔王さまが　まっている！
　こわいなんて　言っている　ひまは　ないぞ！」

21 ことばの　れんそうゲーム

● 絵を　見て、文を　つなげて　いこう。

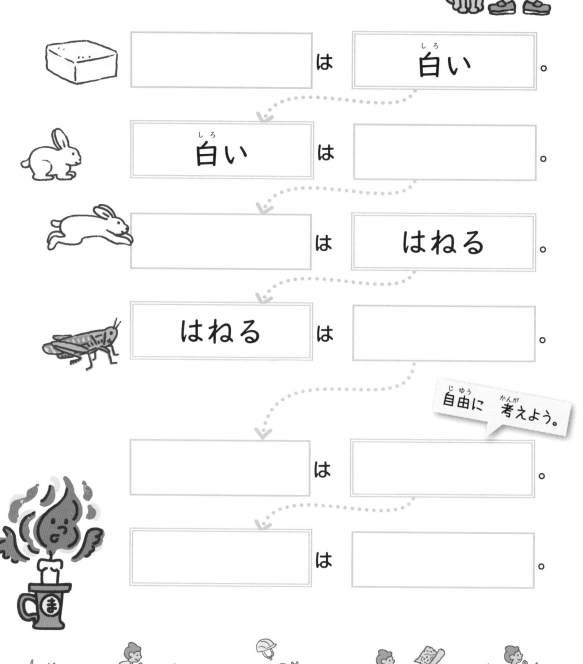

	は	白い	。
白い	は		。
	は	はねる	。
はねる	は		。

自由に　考えよう。

| | は | | 。 |
| | は | | 。 |

● 左ページのような　ことばの　れんそうゲームを、

自由に　作ってみよう。

| | は | | 。 |

レベルアップ
チャレンジ！

| | は | | 。 |

初心者
レベル

| | は | | 。 |

入門
レベル

| | は | | 。 |

見習い
レベル

| | は | | 。 |

名人
レベル

| | は | | 。 |

達人
レベル

| | は | | 。 |

超人
レベル

| | は | | 。 |

すごい！
マスター
レベル

22 文を かざろう！

● ようすが つたわるように、文を くわしくするよ。

絵を 見て、□に 合う ことばを 考えて 書こう。

サッカーせんしゅが
ボールを　ける。

▼

文を かざろう!

どんな せんしゅ？

どんなふうに ける？

サッカーせんしゅが ボールを ける。

どこで？

まわりの ようすは？

てきた 文を 書こう。

ける。

● ようすが よく つたわる 文に なるように、下の 文を

くわしくする ことばを 4つ 考えよう。

文を かざろう!

女の子が、犬と さんぽする。

どんな 女の子？

どんな 犬？

どこを？

どんな ようすで？

できた 文を 書こう。

さんぽする。

23 絵本を 作ろう！

● ことばたちの　いたずらで、絵本の　中の　ことばが
きえちゃた！　　□□□□に　合う　ことばを　書いて、
絵本を　かんせいさせよう。

ある日、

> だれ
> 　　　　　　　　　　　　は

> なに
> 　　　　　　　　　　　　に　のって、

みずうみへ　むかって　いました。

その　とちゅう、王さまは

> どこ
> 　　　　　　　　　　　　で、

> なに
> 　　　　　　　　　　　　を

> どうした
> 　　　　　　　　　　　　。

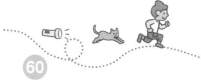

すると　そこへ、

どんな　ようすの　だれ

が　やって　きました。

王さまは、

。

ライオンは、

。

王さまと　ライオンは、

そして、

きのう、ピザを　食べたよ。

ふうん、そうなんだ。

きのう、海が　見える　レストランで、
ゆうめいな　ピザ職人が　作った、チーズ
たっぷりで　あつあつの　ピザを　食べたよ。

わあっ、いいなあ！　きいただけで、
おなかが　すいて　きちゃう。

文を　書く　とき、「いつ」「どこ」「だれ」や
「どんな」などの　ことばを　うまく　入れると、
ようすが　よく　伝わる　文に　なるんだよ。

ぼくは、明日、家で　お父さんが
作ってくれる、大きい　たこが　入った、
外が　かりかりで、中は　とろとろの
たこやきを、100こ　食べたいな！

うわあ！　それ、さいこうだね！

★ やってみよう！ ★

・きみが　食べた　ものや、食べたい　ものに　ついて、
　文を　作ってみよう。「いつ」「どこ」「だれ」「どんな
　（もの・こと・ようす）」などの　ことばも　入れてみよう。

この先に、**魔王さま**が
いるぞ。がんばれよ！

ジュンと　モモは、ついに　魔王の　部屋の　前に
たどりつきました。ひゅうっと　つめたい　風が　ふき、
魔王が　すがたを　あらわしました。
「まさか、人間の　子どもが　ここまで　やって　くるとは！
　ほめてやろう。この　さいごの　部屋を　通りぬける
　ことが　できたら、ことばたちに　会わせて　やろう。」
「ぼくは、ぜったいに　やりとげて　みせるよ！」
ジュンが　そう　言うと、魔王は　ニヤリと　わらいました。
「よし。では、この　カードを　正しく　組み合わせて、
　古くから　つたわる　『ことわざ』を　かんせいさせるのだ。」

二度　ある　ことは	山と　なる
ちりも　つもれば	福　来たる
わらう　門には	三度　ある

「ええっ！？　ことわざ？　わかるかな……。
　どこかで　聞いた　ことが　ある　ものも　あるぞ……。」
ジュンが　ひっしに　考えて　かんせいさせると、魔王が
言いました。

「わっはっは！　よく　やった！
さあ、行け、人間の　子ども！
さいごの　クイズに　答えるのだ！」

二度　ある　ことは　三度　ある／ちりも　つもれば　山と　なる／
わらう　門には　福　来たる

24 ことわざパズル

● まずは、ことわざパズルに　ちょうせんだ！

絵や　□の　数を　ヒントに　して、⋯⋯から　ことばを

えらんで　書き、ことわざパズルを　かんせいさせよう。

二かいから

いみ　思うように　いかなくて、じれったい。まわりくどくて、ききめが　ない。

花より

いみ　うつくしいだけの
ものより、やくに　たつ
ものの　ほうが　いい。

頭かくして

かくさず

いみ　わるい　ことなどを　一部分だけ
かくして、自分では　ぜんぶ　かくした
つもりで　いる。

□　の　上にも　三年

いみ　どんな　ことも　しんぼう強く　やれば、
いつか　かならず　せいこうする。

くさいものに

□□ を する

いみ つごうの わるい ことを、とりあえず かくして ごまかす。

石ばしを

□□□□

わたる

いみ じゅうぶんに ちゅういして ものごとを 行う。

絵に かいた

□□

いみ 本当には やくに 立たない ものや 考え。

まかぬ

□□ は 生えぬ

いみ なにも しないで まっている だけでは、よい ことは おこらない。

た	た	い	て		だ	ん	ご		石		ふ	た
た	ね		も	ち		し	り		目	ぐ	す	り

25 ことわざカルタを 作ろう！

● ことわざには、いろいろな 生きものが 出てくるよ。

　□に 生きものの 名前を 書いて、ことわざカルタを

　かんせいさせよう。

に 小ばん

いみ どんなに よい ものでも、その よさが わからない 人には、なんの やくにも 立たない。

おちる　も 木から

いみ どんな 名人でも、しっぱい する ことが ある。

ぼうに あたる　も 歩けば、

いみ なにかを しようと すると、思いがけない ことが おこる ものだ。

お いみ 強い ものに、さらに 強い ものが 組み合わさる。

に 金ぼう

か 川ながれ の ☐☐☐

いみ どんな 名人でも、しっぱい する ことが ある。

ぶ いみ どんなに よい ものでも、その よさが わからない 人には、なんの やくにも 立たない。

にしんじゅ

と

に つばさ ！

いみ 強い ものに、さらに 強い ものが 組み合わさる。

● 同じ いみの ことわざが 3組 あるよ。

どれと どれかな？ 絵ふだの ◯の 文字を 書こう。

ね と ◯ ◯ と ◯ ◯ と ◯

67

26 ことわざストーリー

● それぞれの　ばめんに　合う　ことわざは、どちらかな？

□に　○を　つけながら、ゴールまで　すすもう。

スタート

たからが　ねむる
山へ　しゅっぱつ！

すごく　遠いけれど、ゆうきを　出して、
歩き出さなきゃ　はじまらない！

□ **たなから　ぼたもち**

いみ　なにも　して　いないのに、
思いがけなく　よい　ことが　ある。

□ **千里の　道も　一歩から**

いみ　どんなに　大きな　しごとも、まずは
小さな　ものごとから　はじまる。

こんにちは

そっちは
あぶないから、
こっち！

□ **急がば　回れ**

いみ　急いでいる　ときこそ、
時間が　かかっても、安全な
やり方を　えらんだほうが、
早く　できる。

□ **どろぼうを
とらえて
なわを　なう**

いみ　なにか　おこってから、
あわてて　じゅんびを　する。

ゴール！

心やさしい きみたちに、
たからを さずけよう！

この 人、
山の ぬし
だったんだ！

☐ **わらう 門には 福来たる**

いみ　いつも わらっている 人の 家には、しぜんと 幸福が やってくる。

☐ **なさけは 人の ためならず**

いみ　人に 親切に して おくと、いつか自分に よい ことと なって かえってくる。

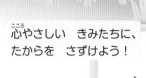

りんごは
だいすきじゃ！

どうぞ。りんご
いかがですか？

道に まよったけれど、
おかげで おいしい
りんごの 木を
見つけたぞ！

☐ **わざわい 転じて 福と なす**

いみ　わるい できごとを うまく りようして、しあわせに なるように する。

☐ **そなえ あれば うれい なし**

いみ　日ごろから じゅんびを して おけば、なにがおこっても 心配ない。

タオル
どうぞ。

ありがとう

道に まよった！

そのうえ、雨まで
ふってきた……。

☐ **雨ふって 地かたまる**

いみ　けんかや もめごとの 後に、その前より よい じょうたいに なる。

☐ **泣きつらに はち**

いみ　わるい ことの 上に、さらにわるい ことが かさなる。

「かもが　ねぎを　しょって　来る」って
ことわざ、どんな　いみか　わかるか？

「かも」って　鳥だよね？
かもは　ねぎが　すきって　こと？

これは　「かもなべ」という　料理の　ざいりょうの
かもが、ねぎまで　せおって　来て　くれる　ことから、
「つごうの　よい　ことが、かさなる」と　いう　いみだ。

「ずっと　会いたかった　いとこが、ずっと　読みたかった
マンガを　もって、あそびに　来る」みたいな　こと？

わっはっは！　うまい！　ことわざは、むかしの
人の　生活の　ちえや　教えを　あらわした　もので、
思わず　わらっちゃう　ものや、「なるほど」と
思う　ものが　たくさん　あるんだぞ。

ことわざ、もっと　たくさん
知りたいなあ！

★ やってみよう！★

・きみだけの　オリジナルことわざを　作って　みよう。

| となりの　花は　赤い | いみ　ほかの　人の　ものは、自分の　もの
よりも、よい　ものに　見える。 |

よし！　ぜんぶ
答えたよ！

「ことばたち、絵本の　中に　もどって　こい！」
ジュンが　さけぶと、魔王さまは　いっしゅんで　ばらばらに
なりました。そして、たくさんの　ことばたちが　すがたを
あらわしたのです。

　　　　　　「ジュン、ここまで　よく　がんばったね！」
　　　　　　「もしかして、ことばたちが　魔王さま
　　　　　　　　だったの？」
　　　　　　「そうだよ。全部の　クイズが　わかった
　　　　　　　　ジュンなら、絵本を　すらすら　読める
　　　　　　　　はず。つづきを　楽しんでね。」
　　　　　　ことばたちは、そう　言うと、絵本の　中に
もどって　いきました。

「ゆめ……？」
ジュンと　モモが　気がつくと、そこは　ジュンの　部屋。
ことばたちが　とび出して　いった　絵本も　もとどおりです。
でも、よく　見ると　ジュンと　モモの　足は、
まっ黒に　よごれて　いました。

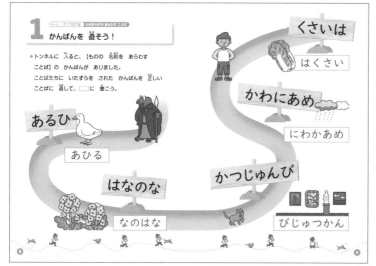

ものの名前を表す言葉（名詞）の文字の順番を入れかえて、書かれている言葉とは別の言葉を作る学習をします。身のまわりの言葉は、文字の組み合わせでできていることを意識し、同じ文字の組み合わせでも、順番によって別の言葉になることに気づくことで、文字や言葉に対する興味・関心を引き出します。

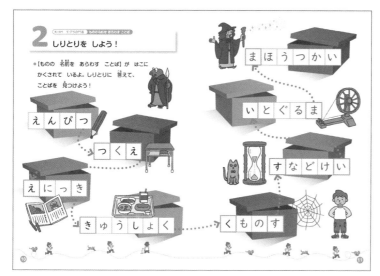

しりとりをしながら、ものの名前を表す言葉（名詞）の語彙を増やします。言葉を思いつかない場合は、絵をヒントにしましょう。絵が表しているものの名前を声に出して言いながら、マス目の字数に合う言葉になっているかを確かめましょう。

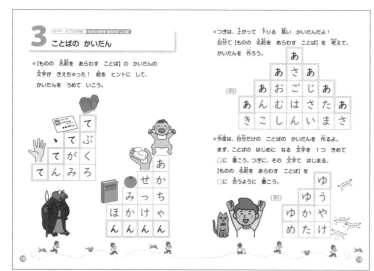

ものの名前を表す言葉（名詞）のうち、同じ文字で始まる言葉、あるいは、同じ文字で終わる言葉を考え、言葉の階段を作ります。名詞以外の言葉を書いている場合は、「ものの名前を表す言葉の階段だよ。他の言葉はないかな？」などと声をかけ、名詞で階段を作ることに気づかせましょう。

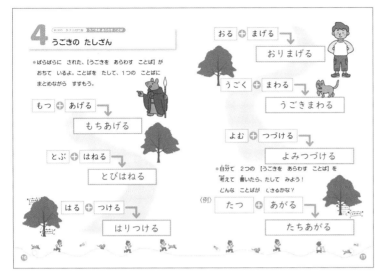

動きを表す2つの言葉（動詞）を組み合わせて、複合語を作る学習です。1つ目の言葉の形が変わることに気をつけましょう。ここに出てくる言葉以外にも、ふだん使っている言葉の中から動詞を組み合わせた複合語を探したり、2つの動詞を組み合わせて自分で複合語を作ってみたりすると、語彙が広がります。

絵を見ながら、動きを表す言葉（動詞）の対義語を考える問題です。書かれている言葉と、絵が表す動きが反対になっているので、絵に合う言葉を考えるようにしましょう。言葉が書けたら、「かいだんを上がる。」のように文に当てはめて 読んでみて、正しい文になっているか確かめましょう。

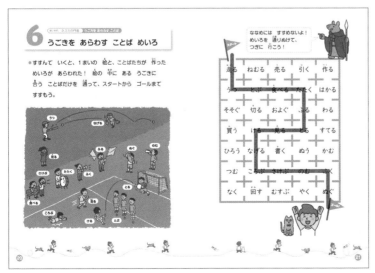

絵の中の動きを、迷路の動詞と照らし合わせて、進みます。難しい場合は、絵の中の言葉が迷路にないか探して、あったら〇で囲み、囲んだ言葉を進みましょう。逆に、迷路の動詞が絵にあるかを探してもかまいません。絵と言葉を照合することで、言葉が表す動作がイメージできるとよいでしょう。

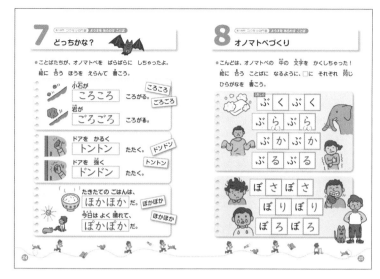

似ているオノマトペ（ものの音や様子を表す言葉）の使い方の違いや、表す様子の違いを学習します。文字としてはほんの少しの違いでも表す様子が大きく変わることを体感して、自分が文章を書く際にも、様子にぴったり合うオノマトペを使えるようにしましょう。

絵本の中の様子を表す言葉（ここでは形容詞）を補う問題です。文章に合う形容詞を探すことで、身のまわりに多様な形容詞があることに気づけるとよいでしょう。お子さまといっしょに、家にある絵本などから形容詞を探してみると、さらに語彙が広がります。

絵の様子を、比喩表現などを用いて説明するときの言い方を学習します。ひとつの様子に対して、言い方は一通りでないことを体験的に学び、自分で何かを説明する際にもさまざまな言い方ができることへの気づきにつなげます。日常生活の中で何かを説明する際には、比喩表現などを積極的に使ってみましょう。

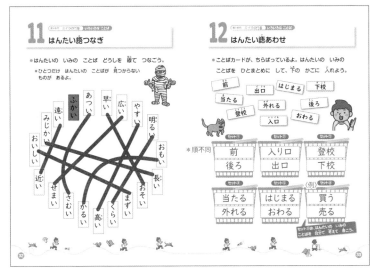

反対の意味の言葉の組み合わせを考えます。11では形容詞、12では、動詞や名詞の反対の意味の言葉を扱っています。言葉を覚える際には、反対の意味の言葉や似た意味の言葉をいっしょに覚えるようにしましょう。語彙を増やすことができます。

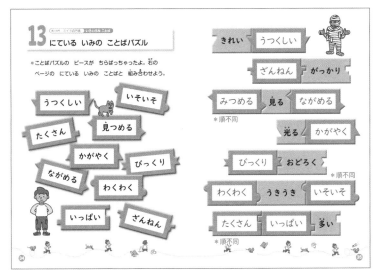

似ている言葉を考える問題です。似ている言葉を多く知っていると、言葉の意味に対する感覚が鋭くなり、自分で何かを表現する際に、伝えたいことに最も合う言葉を選ぶことができます。ここで扱っている言葉以外でも、お子さまといっしょに、似ている言葉探しをしてみるとよいでしょう。

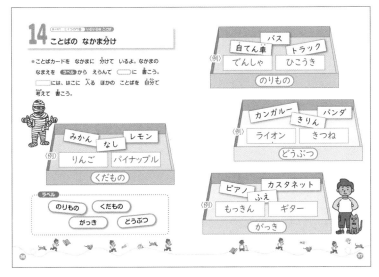

まとめられた言葉一つ一つが何の仲間なのかを考え、それらをまとめてつけた言葉を選ぶことで、言葉の上位概念・下位概念を理解します。日常生活の中でも、「『トマト』『玉ねぎ』『にんじん』をまとめた言葉は?」「『花』の仲間には、どんな言葉がある?」などのように、楽しみながら、言葉の上位概念・下位概念にふれていきましょう。

読み方の決まりを見つけて、暗号の手紙を読み解きます。手紙の冒頭の文をよく読むと、「ひとり→〈ひ〉をとる」、「きがえ→〈き〉が〈え〉に変わる」という決まりで読むことがわかります。

決まりに従って文字に線を引いて消したり、文字を書きかえたりしながら楽しく読んでいくとよいでしょう。

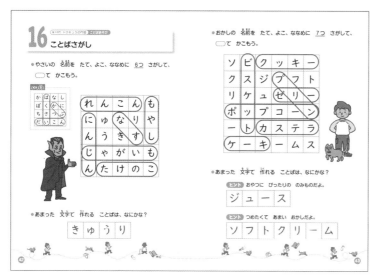

ひらがな・カタカナの表の中から、野菜の名前やお菓子の名前を探します。文字を声に出して読みながら探していくと、見つけやすくなります。縦・横だけでなく、斜めの文字のつながりにも気をつけて探しましょう。余った文字で言葉を作る問題は、余った文字を余白に書き出して取り組むと考えやすくなります。

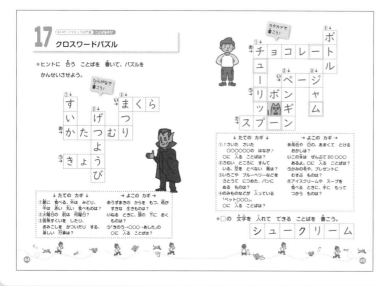

ひらがなとカタカナのクロスワードパズルを完成させます。やり方がわからない場合は、おうちの方がやり方を説明してから取り組みましょう。番号順でなくてもよいので、わかったところからマスを埋めていきましょう。その文字もヒントになって、わからなかったところも考えやすくなります。

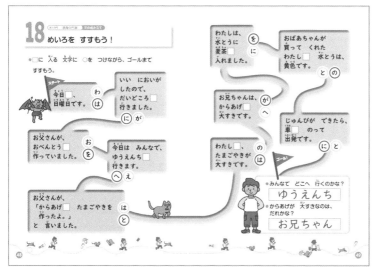

文の中で言葉と言葉をつなぐ「助詞」に注目する問題です。助詞を正しく使うことで、意味の通るわかりやすい文を書くことができます。□にそれぞれの助詞を当てはめて読み、どちらが意味の通る文になるか確かめていきましょう。また、言葉の後につく「ワ・オ・エ」は、「は・を・へ」と書くことも改めて確認しましょう。

絵の変化を楽しみながら、絵に合う「○○が、（△△を）□□している。」の形の文を作る練習をします。絵の内容と、その下の文の言葉を照らし合わせながら、空欄に入る言葉を考えましょう。右ページの文作りに取り組むときは、「が」や「を」などの助詞も忘れずに書きましょう。

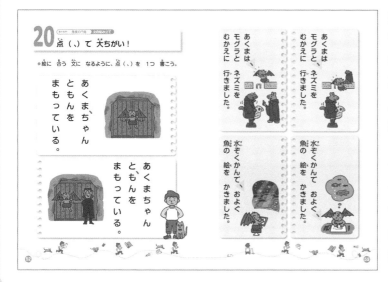

読点（、）の打ち方について学習します。初めに、文をそのまま声に出して読んでみましょう。次に言葉と言葉の間に読点を入れて読み、絵に合う文になる読点の位置を確かめていきましょう。読点を打つ位置によって文の意味が変わることに気づき、文の意味をわかりやすくするためには、読点を打つ位置に注意するとよいことを確認します。

連想する言葉を「○○は△△。」の形でどんどんつないでいく言葉遊びです。まずは絵を見ながら言葉を当てはめていき、できた文を声に出して読んで、やり方を確認しましょう。何を書けばよいか迷っている場合は、「バッタはどんな様子（見た目）かな？」「何の仲間かな？」などと、考えるヒントを出しましょう。

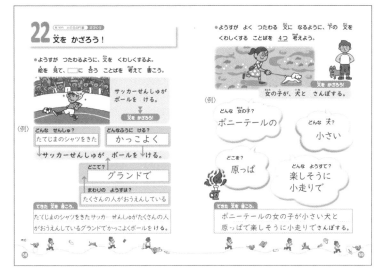

様子を詳しく説明する言葉を考えて、より伝わりやすい文にする練習をします。詳しくする言葉をうまく加えることで、説明したい内容が伝わりやすくなったり、豊かな表現で読む人の心を引きつけたりすることができます。文が書けたら、詳しくする前の文と読み比べて、様子が伝わりやすくなっていることを確かめましょう。

絵に合う文になるように言葉を考えて書き、お話を完成させる問題です。初めに絵をよく見て、登場人物が何をしているか、どんな様子かを捉えましょう。空欄に言葉を書いたら、できた文を声に出して読み、意味の通る文になっているか確認しましょう。最後の「そして、」から始まる文は、このあと王さまとライオンがどうするかを自由に考えて書きましょう。

絵やマス目の数をヒントにして、ことわざを完成させます。ことわざにふれたことのないお子さまでも、絵やマス目の数をヒントにしてパズル形式で楽しく遊びながらことわざを知ることができます。言葉が書けたらことわざを声に出して読み、ことわざがもつ、言葉の組み合わせの面白さや表現の面白さを味わいましょう。

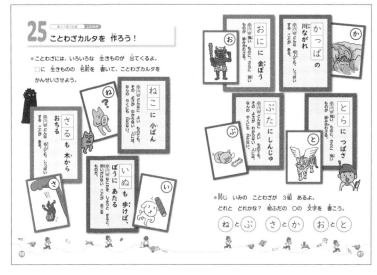

お子さまにとって身近な生き物が出てくることわざを完成させることで、楽しみながらことわざを学習します。意味を確認した上で、別の生き物に変えてオリジナルのことわざを作って遊んでみてもよいでしょう。ことわざには生き物や食べ物が出てくるものが数多くあり、お子さまもイメージしやすいので、ことわざの本などで他のことわざにもふれてみましょう。

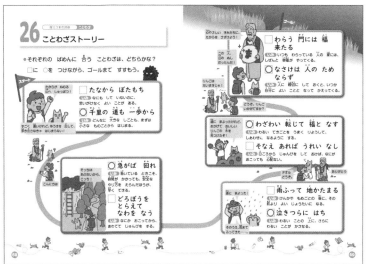

場面の様子に合うことわざを選んで、ことわざについての学びを深めます。具体的な場面と照らし合わせながらことわざにふれることで、その言葉の意味や使い方についての理解が深まります。「千里」「急がば」など、お子さまにとって難しい言葉や表現が出てきたら、意味を教えてあげましょう。語彙を広げるよい機会になります。

■監修者■

大越和孝（元筑波大学附属小学校教諭・元東京家政大学教授・日本国語教育学会常任理事）

成家亘宏（元東京都公立小学校校長・元文教大学講師・日本国語教育学会常任理事）

泉　宜宏（元東京都公立小学校校長・元文教大学講師・日本国語教育学会常任理事）

今村久二（元東京都公立小学校校長・元秀明大学教授・日本国語教育学会常任理事）

■編集協力 ……………… 板谷路子（ストーリー設計）
　　　　　　　　　　　　石川夏子（1～14）／武藤久実子（15～26）
■本文デザイン ………… 渡邊美星子
■装丁デザイン ………… TenTenGraphics
■本文・装丁イラスト … いたばしともこ
■校正 ………………… K-clip（熊谷真弓／花井佳用子）

言語感覚をみがく！
ことばあそびワーク　—語彙の世界—

初版第1刷発行 ……… 2024年7月10日

編　者 ……… Z会編集部
発行人 ……… 藤井孝昭
発　行 ……… Z会
　　　　　　〒411-0033　静岡県三島市文教町1−9−11
　　　　　　【販売部門：書籍の乱丁・落丁・返品・交換・注文】
　　　　　　　　TEL 055-976-9095
　　　　　　【書籍の内容に関するお問い合わせ】
　　　　　　　　https://www.zkai.co.jp/books/contact/
　　　　　　【ホームページ】
　　　　　　　　https://www.zkai.co.jp/books/

印刷・製本 …… シナノ書籍印刷株式会社